Todos los libros de Linkgua Ediciones cuentan con modelos de Inteligencia Artificial entrenados por hispanistas. Pregúntale al chat de tu libro lo que desees acerca de la obra o su autor/a.

Para ebooks: Accede a nuestro modelo de IA a través de este enlace.

Para libros impresos: Escanea el código QR de la portada con tu dispositivo móvil.

Obtén análisis detallados de nuestros libros, resúmenes, respuestas a tus preguntas y accede a nuestras ediciones críticas generativas para una experiencia de lectura más enriquecedora.
La transparencia y el respeto hacia la autoría de las fuentes utilizadas son distintivos básicos de nuestro proyecto. Por ello, las respuestas ofrecen, mediante un sistema de citas, las fuentes con las que han sido elaboradas.

Bartolomé Mitre

Armonías de la pampa

Barcelona 2024
Linkgua-ediciones.com

Créditos

Título original: Armonías de la pampa.

e-mail: info@linkgua.com

Diseño de la colección: Michel Mallard.

ISBN rústica ilustrada: 978-84-9007-124-3.
ISBN tapa dura: 978-84-1126-700-7.
ISBN ebook: 978-84-9897-629-8.

Sumario

Brevísima presentación

La vida

Bartolomé Mitre (1821-1906). Argentina.

Nació en Buenos Aires y muy joven se enfrentó con sus escritos al dictador Juan Manuel de Rosas. Tras exiliarse en Chile, Bolivia y Perú, Mitre regresó a Argentina en 1852 y participó en el derrocamiento de Rosas. En 1853 fue nombrado ministro de Guerra del gobierno provincial de Buenos Aires, y se opuso al plan de Urquiza que pretendía que la provincia se integrase en la República Argentina. En 1859, las tropas de Mitre fueron derrotadas por Urquiza en la batalla de Cepeda, y Buenos Aires se integró en la federación. Mitre fue nombrado gobernador de la provincia de Buenos Aires en 1860 y logró derrotar a Urquiza en la batalla de Pavón (1861).

En 1862 fue elegido presidente de la República. Durante su presidencia, Argentina, aliada con Brasil y Uruguay contra Paraguay, participó en la guerra de la Triple Alianza (1865-1870). En 1868 fue derrotado en las elecciones presidenciales por Domingo Faustino Sarmiento. Mitre fundó entonces en Buenos Aires el periódico La Nación, en 1870. Escribió poemas y obras históricas, y tradujo a autores clásicos.

Su carta-prefacio en prosa motivada por una diatriba de Domingo F. Sarmiento es una defensa de la poesía que muestra el poder y la influencia de ésta en distintas civilizaciones. Su única novela, Soledad (1847), puede ser inscrita en el movimiento romántico.

Armonías

Publicada en 1854, *Armonías de la pampa*, es un canto al hombre de la Pampa, sus tradiciones, su valentía, y su mundo, como vemos en los versos:

> Encima de una loma
> se ven a las muchachas
> haciendo con donaire
> pañuelos agitar;
> y en tanto, en la llanura
> en círculo formados,
> se ven de los jinetes
> los ponchos ondear.

Armonías de la pampa

I. A un ombú en medio de la pampa

Aquí estás, ombú gigante
a la orilla del camino,
indicando al peregrino
no siga más adelante
en la llanura sin fin.
Tú señalas las barreras
que dividen el desierto,
y oyes el vago concierto
que alzan las auras ligeras
de la pampa en el confín.

Eres la verde guirnalda
de la cabaña pajiza,
que vas marchando de prisa
con el pasado a tu espalda
y a tu frente el porvenir.
Donde huye el indio salvaje
y el cristiano se adelanta,
tu cabeza se levanta
susurrando tu ramaje:
«el rancho llegó hasta aquí».

Eres lo último que muere
de la morada del hombre,
y sin registrar un nombre
estás contando al viajero
memorias de hoy y de ayer.
Al proseguir tu carrera
por la llanura extendida,

sobre tu cima florida
hoy alzas en la frontera
el pendón de nuestra fe.

¿Qué ves más allá? ¿la pampa
que en contorno se dilata,
el arroyuelo de plata,
el toldo en que el indio acampa,
o el inmenso pajonal?
Tú miras allá a lo lejos
al trasponer aquel monte
en el remoto horizonte,
como en mágicos espejos
lo que es y lo que será.

Miras la pampa argentina
de ciudades matizada,
y por mil naves surcada
la laguna cristalina
que hoy cubre verde juncal;
miras la pobre cabaña,
que en palacio se transforma,
y que al tomar nueva forma,
con nuevas luces se baña
su contorno natural.

Miras al indio tostado,
que lanzando un alarido,
va huyendo despavorido
por el llano dilatado,
en pavoroso tropel;
seguido del tigre fiero

que abandona su dominio,
hoy teatro de exterminio,
y tras él, el jornalero
que las transforma en vergel.

No pases más adelante,
que más lejos, abatido,
marchito y descolorido
verás al ombú gigante
hoy de la pradera rey:
y en su lugar la corona
verás alzarse del pino,
que unido al hierro y al lino
sirve al hombre en toda zona
para dar al mundo ley.

Ese destino te espera,
árbol, cuya vista asombra,
que al caminante das sombra
sin dar al rancho madera,
ni al fuego una astilla dar;
recorrerás el desierto
cual mensajero de vida,
y, tu misión concluida,
caerás cual cadáver yerto
bajo el pino secular.

1842

II. A Santos Vega, payador argentino[1]

Cantando me han de enterrar.
Cantando me de ir al cielo.

1 Esta composición pertenece a un género que puede llamarse nuevo, no tanto por el asunto cuanto por el estilo. Las costumbres primitivas y originales de la pampa han tenido entre nosotros muchos cantores, pero casi todos ellos se han limitado a copiarlas toscamente, en vez de poetizarlas poniendo en juego sus pasiones modificadas por la vida del desierto, y sacar partido de sus tradiciones y aun de sus preocupaciones. Así es que, para hacer hablar a los gauchos, los poetas han empleado todos los modismos guachos, han aceptado todos sus barbarismos, elevando al rango de poesía una jerga, muy enérgica, muy pintoresca y muy graciosa, para lo que conocen las costumbres de nuestros campesinos, pero que por sí no constituye lo que propiamente puede llamarse poesía. La poesía no es la copia servil, sino la interpretación poética de la naturaleza moral y material, tanto en la pintura de un paisaje, como en el desarrollo lógico de una pasión o de una situación dada. Así como en pintura o en estatuaria la verdad artística no es la verdad material, puesto que no es el mejor retrato el que más exactamente copia los defectos, así también la verdad poética es muy distinta de la realidad concreta, es decir, que sin ser precisamente el trasunto de la vida de todos los días, es sin embargo hasta cierto punto su idealización que sin perder de vista el original, lo ilumina con los colores de las imaginación, agrupa en torno suyo los elementos que no se encuentran reunidos en un solo individuo, y que no obstante existen dispersos, y que reunidos forman lo que se llama un tipo. Así es como he comprendido la poesía, y así la han comprendido todos los grandes maestros, si estudiamos con atención sus obras. La elegía a Santos Vega no es sino la aplicación ingenua de esta teoría: en ella he procurado elevarme un poco sobre la vida real, sin olvidar el colorido local y sin dejar de mantenerme a la altura de la inteligencia del pueblo. Por lo demás, ella se funda en la tradición popular que ha hecho de Santos Vega una especie de mito: que vive en la memoria de todos, envuelto en las nubes prestigiosas del misterio, sin haber dejado otra cosa que la tradición de sus versos improvisados, que el viento de la pampa se ha llevado.

Santos Vega.

Santos Vega, tus cantares
no te han dado excelsa gloria,
mas viven en la memoria
de la turba popular;
y sin tinta ni papel
que los salve del olvido,
de padre a hijo han venido
por la tradición oral.

Bardo inculto de la pampa,
como el pájaro canoro
tu canto rudo y sonoro
diste a brisa fugaz;
y tus versos se repiten
en el bosque y en el llano,
por el gaucho americano,
por el indio montaraz.

¿Qué te importa, si en el mundo
tu fama no se pregona,
con la rústica corona
del poeta popular?
y es más difícil que en bronce,
en el mármol o granito,
haber sus obras escrito
en la memoria tenaz.

¿Qué te importa? ¡si has vivido
cantando cual la cigarra,
al son de humilde guitarra

bajo el ombú colosal!
¡Si tus ojos se han nublado
entre mil aclamaciones,
si tus cielos y canciones
en el pueblo vivirán!

Cantando de pago en pago,
y venciendo payadores,
entre todos los cantores
fuiste aclamado el mejor;
pero al fin caíste vencido
en un duelo de armonías,
después de payar dos días;
y moriste de dolor.[2]

Como el antiguo guerrero
caído sobre su escudo,
sobre tu instrumento mudo
entregaste tu alma a Dios;
y es fama, que al mismo tiempo
que tu vida se apagaba,
la bordona reventaba
produciendo triste son.

No te hicieron tus paisanos
un entierro majestuoso,

2 Histórico. Santos Vega murió de pesar, según tradición, por haber sido vencido por un joven desconocido, en el canto que los gauchos llaman de contrapunto, o sea réplicas improvisadas en verso, al son de la guitarra que pulsa cada uno de los cantores. Cuando la inspiración del improvisador faltó a su mente, su vida se apagó. La tradición popular agrega que aquel cantor desconocido era el diablo, pues solo él podía haber vencido a Santos Vega.

ni sepulcro esplendoroso
tu cadáver recibió;
pero un Pago te condujo
a caballo hasta la fosa,
y muchedumbre llorosa
su última ofrenda te dio.

De noche bajo de un árbol
dicen que brilla una llama,[3]
y es tu ánima que se inflama,
¡Santos Vega el Payador!
¡Ah, levanta de la tumba!
muestra tu tostada frente,
canta un cielo derrepente[4]
¡o una décima de amor!

Cuando a lo lejos divisan
tu sepulcro triste y frío,
oyen del vecino río
tu guitarra resonar.
y creen escuchar tu voz
en las verdes espadañas,
que se mecen cual las cañas
cual ellas al suspirar.

Y hasta piensan que las aves
dicen al tomar su vuelo:
«¡Cantando me he de ir al cielo;
cantando me han de enterrar!»

3 Los gauchos dan el nombre de vela (encendida) a los fuegos fatuos que se levantan de los sepulcros, y que suponen son el alma en pena de los muertos.
4 Lo mismo que improvisado.

Y te ven junto al fogón,
sin que nada te arrebate,
saboreando amargo mate
veinte y cuatro horas payar.

Tu alma puebla los desiertos,
y del Sud en la campaña
al lado de una cabaña
se eleva fúnebre cruz;
esa cruz, bajo de un tala
solitario, abandonado,
es un símbolo venerado
en los campos del Tuyú.

Allí duerme Santos Vega;
de las hojas al arrullo
imitar quiere el murmullo
de una fúnebre canción.
no hay pendiente de sus gajos
enlutada y mustia lira,
donde la brisa suspira
como un acento de amor.

Pero las ramas del tala
son mil arpas sin modelo,
que formó Dios en el cielo
y arrojó en la soledad;
si el pampero brama airado
y estremece el firmamento,
forman místico concento
el árbol y el vendaval.

Esa música espontánea
que produce la natura,
cual tus cantos, sin cultura,
y ruda como tu voz,
tal vez en noche callada,
de blanco cráneo en los huecos,
produce los tristes ecos
que oye el pueblo con pavor.

¡Duerme, duerme Santos Vega!
que mientras en el desierto
se oiga ese vago concierto,
tu nombre será inmortal;
y lo ha de escuchar el gaucho
tendido en su duro lecho,
mientras en pajizo techo
cante el gallo matinal.[5]

¡Duerme! mientras se despierte
del alba con el lucero
el vigilante tropero
que repita tu cantar,
y que de bosque en laguna,
en el repente o la hierra,
se alce por toda esta, tierra
como un coro popular.

Y mientras al gaucho errante
al cruzar por la pradera,
se detenga en su carrera

5 Reminiscencia de un pensamiento de Thomas Grey, que, aunque lejana, tuve presente al escribir estos versos.

y baje del alazán;
y ponga el poncho en el suelo
a guisa de pobre alfombra,
y rece bajo esa sombra,
¡Santos Vega, duerme en paz!

1838

III. El pato

I.

Clara, bella y perfumada,
era una tarde serena,
de esas tardes en que el cielo
todas sus galas ostenta,
en que la brisa y la flor
nos hablan con voz secreta,
en que las bellas inspiran,
en que medita el poeta,
en que el infame se esconde,
en que el pueblo se recrea.
Y matizando la alfombra
de una extendida pradera
se ve una alegre cuadrilla
con sus vestidos de fiesta,
porque cien gauchos reunidos
las pascuas de dios celebran.
En las ancas del caballo
cada cual lleva su bella,
el que ufano con su carga
bate el suelo con soberbia,
mientras que el viento levanta
la nevada pañoleta,
que acaricia las mejillas
del jinete a quien estrecha
tal vez por no resbalar...
quizá de puro coqueta.
No llevan collares de oro,
ni caravanas de perlas,
ni relucientes sombreros,

ni corbatines de seda:
humildes son los vestidos
que las mujeres ostentan;
y bajo pieles curtidas
y de ponchos de bayeta
aquel rústico gauchaje
alma independiente alberga
como el tosco ñandubay
bajo su áspera corteza
roba a la vista del hombre
del corazón la belleza.

II. Encima de una loma
se ven a las muchachas
haciendo con donaire
pañuelos agitar;
y en tanto, en la llanura
en círculo formados,
se ven de los jinetes
los ponchos ondear.

Sus ojos resplandecen
radiantes de alegría,
que templa con sus sombras,
del rostro la altivez.
Con juegos herculáneos
festejarán el día,
que el pueblo hasta jugando
respira robustez.
Diríase campeones
que esperan la pelea
que anuncian con estruendo

las lenguas del clarín:
la inercia los consume,
mas si el cañón humea,
con varonil coraje
buscan glorioso fin.

Tal vez unas carreras
esperan a porfía
para cubrir de palmas
al potro más veloz...
Mas no, todos desean
robustecer el alma,
por eso ¡El Pato! ¡El Pato!
Repiten a una voz.
¡El Pato! juego fuerte
del hombre de la pampa,
tradicional costumbre
de un pueblo varonil
para templar los nervios,
para extender los músculos
como en veloz carrera,
en la era juvenil.

Las fiestas populares
de un pueblo de valientes
semejan a las rudas
caricias del león,
porque el pampero raudo
batiendo en esas frentes
parece que inocula
vigor al corazón.
Ya todos se aprestaban

a comenzar la pugna,
asiendo de las garras
con fuerza de titán:
los pies en los estribos
apoyan con pujanza,
y esperan afanosos
de jefe la señal.
Las madres, las esposas
contemplan aquel grupo,
pendientes del latido
del brazo muscular;
mas de repente vese
que las manijas sueltan,
y se oye entre el corrillo
sordo rumos vagar.

¿Quién les desarmó la fuerza
de los cincuenta brazos,
que un pingo gigantesco
podrían sacudir?
Dos hombres que se acercan
al medio de la liza,
y muestran ser campeones
que quieren combatir.

III. El uno es Diego Zamora
apellidado el «valiente»
cuya daga vencedora
a sus contrarios devora
y es el terror de la gente.
Su mirada decidida
y negra su cabellera;

y una sonrisa atrevida
del labio está suspendida
revelando un alma fiera.
Lleva un facón en la falda.
Lleva un poncho balandrán
terciado por media espalda,
y del campo la esmeralda
huella en un potro alazán.
El otro es Pedro de Obando,
compañero de fatigas
de Zamora, y peleando
anda con él desafiando
las partidas enemigas.
Estriba con bizarría
y la espuela nazarena
suspira en dulce armonía,
como grillos a porfía
lloran del preso la pena.
Guapos el Pago los llama,
y el alcalde salteadores,
pero publica la fama
que no la avaricia inflama
su pecho en vivos ardores.
Ligados por nudo fuerte,
los dos siguen un camino:
hermanos de vida y muerte
aceptan la misma suerte
bajo el yugo del destino.

IV. Adelantóse Zamora
y sujetando la rienda,
pidió parte en la contienda

con altanera atención.
Todos a una voz gritaron
«que entren Zamora y Obando».
Y entonces el pato tomando,
Zamora con él salió.

Picaron todos de espuelas
galopando a rienda suelta
para procurar la vuelta
del jinete vencedor;
mas en vano corren, vuelan,
gritan, pegan, forcejean,
y resudan y espolean,
y le siguen con furor.
Hasta que al fin un jinete
lo alcanza, y con mano fija
asiendo de la manija
hizo el caballo cejar,
pero Zamora con furia
lo lleva de una pechada,
dejando en tierra estampada
de su triunfo la señal.
Pero tres nuevos atletas
dispútanle su presea,
y él en tremenda pelea
la disputa a todos tres.
Forcejean, y tendidos
furiosos luchan en vano
por quebrantar una mano
que hierro parece ser.

Crujen, se estiran los miembros,

se hinchan de sangre las venas,
y enronquecidos, apenas
pueden el aire lanzar;
mas él, firme en sus estribos
como animado centauro
disputa a todos el lauro
en combate desigual.
Llegan tres más, y Zamora
con la presteza del rayo
dando riendas al caballo
las manijas les quitó:
dos de ellos fueron al suelo
en pos del tremendo empuje,
y el que queda firme ruge
de vergüenza y de furor.

V. y corriendo
desbandados,
y empapados
en sudor,
a Zamora
todos siguen,
y persiguen
con furor.

Ya lo alcanzan
o despuntan,
ya se juntan
en redor,
cual las hojas
de una planta
que levanta

el ventarrón.
Cual relámpago
flamígero,
el alígero
alazán
los zanjones
que encontraba
los salvaba
sin parar.

Y por último,
rendidos,
alaridos
dan de paz,
y las gorras
que se quitan
las agitan
en señal.

VI.

Zamora entonces levantando en alto
el pato, cual si fuese una bandera,
detiene del caballo la carreta
y le hace el freno con furor tascar,
y así parado en medio de la pampa
con su ademán a todos desafía;
mas viendo que ninguno se movía
dirige a todos la señal de paz.

Torció las riendas del soberbio bruto
y a trote largo adelantóse al rato
llevando al lado el disputado pato
que a gruesas gotas de sudor ganó;

y al acercarse ante el vencido corro,
se desciñó del rostro su barbijo,
y estas palabras atrevidas dijo
que la turba entre aplausos recibió:
«si hay quien dispute que gané la palma
átese al punto a la cintura un lazo,
que yo tan solo con mi izquierdo brazo
jinete, y pingo, y pato arrastraré.»
Nadie admitió su formidable reto:
tan solo Obando en ademán airado
sacó del anca un lazo que arrollado
una serpiente parecía ser.
Por la presilla lo fijó en su cuerpo
y por la argolla se lo dio a su amigo
quien se admiraba hallar un enemigo
en el hermano que le diera dios;
pero impulsado por feroz orgullo,
asió del lazo en la siniestra mano,
y a gran galope atravesando el llano,
tirante el lazo entre los dos quedó.

Cual hosco toro que en lazada envuelto
se niega altivo a obedecer la fuerza,
y rebramando con furor se esfuerza,
y aspa y pezuña quiere allí clavar,
tal Pedro Obando con poder resiste
al férreo brazo de que está pendiente,
mientras el lazo entre los dos, crujiente,
se ve como una víbora oscilar.
Silencio pavoroso en torno reina:
enmudece el frenético alarido,
y solo se oye el fúnebre quejido

del lazo palpitante entre los dos;
mas de repente resonó un gemido
dos espirales al formar el lazo,
y en cada cual llevando su pedazo,
envuelto en él al polvo descendió.[6]

1839

6 Esta composición pertenece también al género gaucho, tal como lo había concebido en la época en que me ocupaba en escribir poesías. Es un cuadro de costumbres bajo una forma dramática, en el cual, evitando la monotonía del género descriptivo, he procurado desenvolver una acción sencilla en torno del juego que forma el verdadero asunto. El juego del pato no existe ya en nuestras costumbres: es un recuerdo lejano. Prohibido bajo penas severas, a consecuencia de las desgracias a que daba origen, el pueblo lo ha ido dejando poco a poco, pero sin olvidarlo del todo. En su origen, este juego homérico, que tiene mucha semejanza con algunos de los que Ercilla describe en la Araucana, se efectuaba retobando un pato dentro de una fuerte piel, a la cual se adaptaba varias manijas de cuero también. De estas manijas se asían los jinetes para disputarse la presa del combate que generalmente tenía por arena toda la pampa, pues el que lograba arrebatar el pato procuraba ponerse en salvo, y la persecución que con este motivo se hacía, era la parte más interesante del juego. Posteriormente se ha dado el nombre de pato a todo ejercicio en que dos jinetes, asidos de las manos o ligados por medio de un lazo atado a la cintura, procuran derribarse de sus respectivos caballos. Después de haber descrito el paso primitivo, creí que el cuadro no quedaría completo si no presentaba al mismo tiempo una pintura del modo de jugarlo por medio del lazo, y tal es el objeto de la lucha que tiene lugar entre Obando y Zamora.

IV. El caballo del gaucho

Mi caballo era mi vida, mi bien, mi único tesoro.
Juan M. Gutiérrez

Mi caballo era ligero
como la luz del lucero
que corre al amanecer;
cuando al galope partía
al instante se veía
en los espacios perder.

Sus ojos eran estrellas
sus patas unas centellas,
que daban chispas y luz:
cuanto lejos divisaba
en su carrera alcanzaba,
fuese tigre o avestruz.

Cuando rendía mi brazo
para revolear el lazo
sobre algún toro feroz,
si el toro nos embestía,
al fiero animal tendía
de una pechada veloz.

En la guardia de frontera
paraba oreja agorera
del indio al sordo tropel,
y con relincho sonoro
daba el alerta mi moro

como centinela fiel.

En medio de la pelea,
donde el coraje campea,
se lanzaba con ardor;
y su estridente bufido
cual del clarín el sonido
daba al jinete valor.

A mi lado ha envejecido,
y hoy está cual yo rendido
por la fatiga y la edad;
pero es mi sombra en verano,
y mi brújula en el llano,
mi amigo en la soledad.

Ya no vamos de carrera
por la extendida pradera
pues somos viejos los dos.
¡Oh mi moro, el cielo quiera
acabemos la carrera
muriendo juntos los dos!

1838

V. La revolución del Sud

I. A Buenos Aires

«El cuello atado a la servil cadena
del tirano postrándose a los pies,
Buenos Aires esclava y miserable
ya no es el pueblo de ochocientos diez.»

¡Oh Patria! así decían, y entretanto
tú oías esas voces con desdén,
esperando mostrar con grandes hechos
que eras el pueblo de ochocientos diez.

La vista al suelo con dolor bajabas,
pero en tu corazón había fe,
y ardiente por tus venas aún corría
la sangre pura de ochocientos diez.
Y de repente, cual gigante inmenso
a quien dormido ataran al cordel,
despertaste rompiendo tus cadenas
como en el día de ochocientos diez.

«¿Quién alza el grito?», preguntó el tirano,
y trueno sordo retumbó a sus pies,
y la corneta contestó en la pampa:
«¡Yo soy el pueblo de ochocientos diez!»

Fuiste vencida, cara patria mía,
tus legiones sufrieron un revés,
pero nadie dirá que no caíste
como los héroes de ochocientos diez.

En sus lanzas filosas levantaron
los sicarios del déspota cruel,
del inmortal Castelli la cabeza,
del hijo noble de ochocientos diez.

De la sangre del mártir de la Patria
de cada gota un héroe ha de nacer,
sangre fecunda, como fue fecunda
la de los muertos de ochocientos diez.

Tus nobles hijos, al mirar su busto,
del polvo alzaron la humillada sien,
y levantaron con robustos hombros
el ara santa de ochocientos diez.
«¡Venganza al pueblo!», prorrumpieron todos:
«¡Palmas al mártir que murió con fe!
¡Gloria al que caiga en medio del combate!
¡Gloria a los hijos de ochocientos diez!»

Se vio agitar del mártir la cabeza
y su ojo frío se volvió a encender,
y desatado el labio a la palabra,
clamó: «¡Sois hijos de ochocientos diez!»

II. El alzamiento

En la llanura de la inmensa pampa,
do de América el genio, firme estampa
su huella colosal;
do el Pampero con alas de gigante
la nube arrastra y la ola que espumante
alza la tempestad,

levanta erguida el gaucho su cabeza,
con el sello de agreste gentileza
 y de genial virtud,
cuya negra melena al aire flota
en la tostada frente a la que azota
 el ábrego del sud.
¡El gaucho! noble tipo americano,
que desdeña doblar ante un tirano
 su indómito cerviz,
que despreciando halagos femeniles,
conserva los alientos juveniles
 de una raza viril.
Entregado en su estancia al pastoreo,
no escucha el importuno clamoreo
 que eleva la ciudad,
sino cuando la patria acongojada
le demanda el apoyo de su espada
 para su ley guardar.
Así, cuando la horrenda tiranía
de Rosas se afirmó, en su agonía
 la Patria le llamó:
y al escuchar su voz, se alzó cual rayo
del lado del hogar, montó a caballo
 y la lanza empuñó.
«¡A las armas, valientes! ¡Al combate!
¿A quién cobarde el corazón no late
 al toque de reunión?
¡A sus puestos, guerreros argentinos!
¡Venid cantando vuestros patrios himnos
 al trueno del cañón!»
Así dijo Castelli, y mil valientes,
al toque del clarín, vuelan ardientes

la patria a libertar;
no es Castelli caudillo de alta hazaña:
hombre del pueblo, vive en la cabaña
de la mansión rural;
pero la hermosa causa que proclama,
millares de hombres a su lado llama,
que no saben quién es,
vuelan a las banderas de la gloria,
y en su frente presagios de victoria
creeríanse leer.
Castelli los convoca a la pelea
al pie del pabellón que al aire ondea,
y que en Mayo nació;
y en su serena faz resplandecía
el entusiasmo santo en que él ardía
cuando: «¡Igualdad!» gritó.

De guerreros cubierta la llanura,
y la bandera azul cual siempre pura
se miró relucir;
y a la sombra del símbolo divino
pronunció juramento el argentino
de ser libre o morir.
Castelli desnudó su fuerte espada,
y a lo cielos la vista levantada,
sereno meditó:
cruzó su frente signo misterioso,
y a los libertadores dijo ansioso
con alta inspiración:
«¡Compatriotas!, se acerca el fausto día,
de ventura, de paz y de alegría,
de vivir o morir;

después que revolquemos en la tierra
al tirano feroz, no habrá más guerra
y se podrá vivir.
¡Soldados!, un antiguo veterano
que esta bandera sustentó en su mano,
os convoca a la lid.
¿Insensibles seréis a su llamado,
y al gemido doliente y prolongado
de la Patria infeliz?»

«¡Cómo serlo! ¡Y el bravo miliciano
monta a caballo, y con el sable en mano
se apresta a combatir
¡ya el pueblo entero se alza como un hombre
invocando de Patria el santo nombre
con eco varonil!
A las armas, valientes argentinos,
venid a decidir vuestros destinos
con grande corazón.
¡Paisanos a las armas! Derroquemos
al infame tirano a quien debemos
llanto y desolación.»

«De lo alto del pirámide sagrado
¡Libertad! por tres veces aclamado
el arcángel de Dios.
¡En su cumbre, después de esta cruzada,
la bandera argentina laureada
pondremos con honor!»[7]

7 La proclama, que se pone en boca de Castelli, es la traducción casi literal de la que él dirigió a los pueblos, en el momento de levantar el estandarte de la revolución del sud.

¡Viva la Patria! ¡Viva!
¡Guerra al tirano! ¡Guerra!
Por todo el llano y sierra
se siente retumbar.
Tres mil libertadores
por la cruz de su espada
a la Patria adorada
juraron libertar.
Castelli, Rico y Olmos
al frente de sus bravos,
a los torpes esclavos
prometen humillar.
Y en alto los aceros,
¡Al combate!, gritaron,
y al combate volaron
al son de himno triunfal.
¿En su entusiasmo de héroes,
en sus nobles facciones,
conocéis los campeones
de Salta y de Maipú?
Son ellos, que atrevidos
con grande fe en el alma
adornarán con palma
el estandarte azul;
o morirán como héroes
legando un alto ejemplo,
que brillará en el templo
de la inmortalidad.
¡Honor para la Patria,
si rompen sus cadenas!
¡Honor, si de sus venas
la sangre solo dan!

III. Chascomús

Mirad la extensa laguna
de Chascomús: majestuosa
Sobre la pampa reposa
bajo esa bóveda azul.
Allí fue que en otros tiempos
sobre el indio fugitivo,
llegó el español altivo
y alzó la gigante cruz.
¿Quién, atronando su orilla
con acento furibundo,
turba el silencio profundo
que reina en la soledad?
Por una parte, un gran pueblo
que sus derechos reclama;
por otra, turba que infama
a Dios y la humanidad.

Hoy la víctima y verdugo
se han mirado frente a frente,
y van en batalla ardiente
a deslindar la cuestión.
¡Oh señor, tú que los orbes
sustentas entre tus manos,
dispénsale a mis hermanos
tu divina protección!
Toca el clarín a la carga,
y cargando a los esclavos,
se arroja el pueblo de bravos
con alientos de titán.
¡Viva la Patria! ¡Victoria!

¡Muera el tirano! clamando,
van las legiones segando
a sable, lanza y puñal.
Mas ¡ay!, sus nobles cabezas
se doblan ensangrentadas,
y se miran pisoteadas
por la mesnada feroz.
¡Será, gran Dios, que tu diestra
mi Patria infeliz azota,
y que su bandera rota
sea alfombra al opresor!

¡Aun no! Del fuerte Castelli
en medio de la pelea
aun la azul bandera ondea
y es un punto de reunión.
Recorriendo va a galope
las legiones desbandadas,
gritando: «Tenéis espadas;
¡venid, morid con honor!»
Sereno a su lado marcha
Crámmer, valiente y experto;
pero cayó al suelo muerto,
y la pelea cesó.[8]
Solo los muertos quedaron
en la llanura tendidos,
y huyeron despavoridos
el vencido y vencedor.
Gloria y honor y laureles

8 Crámmer, que era el segundo de Castelli, murió en la batalla de Chascomús. Nacido en Alemania, se había distinguido en la guerra de la Independencia, y en la batalla de Chacabuco mandaba un batallón de infantería con el cual contribuyó al éxito de la victoria.

al que muere batallando,
y que sus ojos cerrando
aun exclama: «¡Libertad!»
Gloria eterna a los que alzaron
la bandera de esperanza,
y elevaron en su lanza
los dogmas de la Igualdad.
Nada importa una derrota:
¡No hay que plegar su bandera!
¡El tigre del Plata muera!
¡O ser libres o morir!
Argentinos, a caballo,
y mil veces más, vencidos,
otras mil veces reunidos,
volvamos a combatir.

IV. Castelli

Por los llanos inmensos de la pampa
vaga Castelli triste y silencioso,[9]
y en su semblante pálido y ansioso
está grabado el sello del dolor;

9 Según algunos, Castelli murió insensato, como el rey Lear, sintiendo las angustias de un corazón magnánimo devastado por el infortunio. Esta situación sublime, poetizada por Shakespeare, hubiera podido explotarse en este poema, al apagar en el héroe de la revolución del sud la luz de la razón, y poner en su boca palabras delirantes de patria y libertad, pero dejando intacto su corazón para sentir. Tal era, sin duda, la situación que adopte el poeta futuro que cante ese hecho, digno de la epopeya, aun cuando no fue coronado por la victoria. Por lo que a mí respecta, cantor de circunstancias, teniendo en vista producir un poema patriótico dedicado a mis contemporáneos he preferido la situación más vulgar, y por consecuencia la menos poética, a trueque de llegar más directamente al objeto que me proponía, que era exaltar el sentimiento grandioso del sacrificio deliberado.

Fiel adalid de un pueblo generoso
cayó con él en medio del combate,
mas la derrota que al cobarde abate
no ha destemplado el varonil valor.
Extiende en torno suyo la mirada,
y en la patria cautiva piensa el bravo;
no ve sino al tirano y al esclavo,
al verdugo y la víctima infeliz.
A espectáculo tal cae de rodillas
con la vista clavada al firmamento,
y prorrumpiendo en dolorido acento:
«¡Oh Patria mía, mísera de ti!»
Oyese entonces en el vecino bosque
el rumor de las armas estridente,
y apretando la espada fuertemente,
con ademán resuelto se irguió;
y vio venir a él, husmeando sangre,
los feroces lebreles del tirano,
como a la hambrienta jauría que en el llano
a su víctima acosa con furor.
«¡Muere, salvaje!», rugen los bandidos,
y él les responde: —«Moriré peleando;
si no triunfé en el campo batallando,
con mi muerte, de todos triunfaré.»
Y a Dios encomendando su alma fuerte,
traba con todos angustiosa lucha,
y circundando, con tesón relucha,
y repite: —«Peleando moriré.»
Al suelo cayó al fin hecho pedazos
sin desmayar su espíritu valiente,
y dio a la patria con valor consciente
cuanto podía como mártir dar.

Y los feroces tigres carniceros
el cadáver caliente degollaron,
y con impía planta profanaron
los despojos del héroe popular.
Y su busto sangriento y palpitante
pusieron por escarnio en la picota;
y su sangre que cae gota por gota
marcando está las horas del dolor.
El pueblo le contempla con asombro
y de su labio cárdeno y helado
parece que esperase atribulado
el grito de Esperanza y Redención.
Clavada está en un palo su cabeza
cual señal que concita a la venganza,
como faro que alienta la esperanza
para un tiempo de paz y libertad;
que si hoy como trofeo al despotismo
se mira torpemente escarnecida,
un día llegará en que bendecida
la circunde aureola celestial.
Héroe del Sud, tus pálidas cenizas
por la pampa se encuentran dispersadas,
pero de todo un pueblo veneradas
tienen sepulcro en cada corazón;
en la inmortal memoria de tu pueblo
que nunca el heroísmo ha renegado,
tu nombre como en bronce está grabado.
Tiene tu noble espíritu mansión.

V. Los emigrados

Los rotos escuadrones
salvados del cuchillo,

buscando otro caudillo
volviéronse a reunir;
y en el Tuyú cercados,
con varonil fiereza
juraron con firmeza
Libertad o morir.
El vencedor soberbio
cubierto de humor rojo,
en su brutal enojo
esto llegó a decir:
«Rendiréis vuestras armas
y seréis mis esclavos.»
Y responden los bravos:
«¡Libertad o morir!»

Olmos y Rico dicen
a sus fieles guerreros:
«¡Valientes compañeros,
ya vamos a partir;
el fuego de la Patria
en el alma llevemos
y por ella juremos
Libertad o morir.
Para salvar las armas,
dejamos este suelo;
buscando con anhelo
campo en que combatir:
y sea nuestro grito
al dejar esta playa,
y al entrar en batalla,
¡Libertad o morir!»
«¡Busquemos otro campo!»

Mil veces contestaron...
¿Pensáis que derramaron
un llanto femenil?
En mísero abandono
sus hogares dejaban,
y tan solo exclamaban:
«¡Libertad o morir!»
Antes que como infames
doblegar la cabeza,
supieron con firmeza
sus cabezas erguir:
y dejaron la Patria
y a las naves subieron,
y otra vez repitieron:
«¡Libertad o morir!»

«Adiós, patria», decían,
«para ti viviremos,
y por ti moriremos
en la porfiada lid;
que si tus caras playas
hemos abandonado,
es porque hemos jurado
¡Libertad o morir!»

Epílogo

Por las llanuras del Sud
yacen doquier esparcidas
las semillas bendecidas
del árbol de libertad.
Con la sangre del martirio
ha sido ese árbol regado:
si sus ramas han cortado,
el tronco intacto quedó.

Cuando en los campos del Sud
clave su pendón la gloria,
y el arcángel de victoria
bata su palma inmortal,
con potente lozanía
brotarán esos raigones,
y gigantes dimensiones
el árbol adquirirá.

1840

Libros a la carta

A la carta es un servicio especializado para

empresas,
librerías,
bibliotecas,
editoriales
y centros de enseñanza;

y permite confeccionar libros que, por su formato y concepción, sirven a los propósitos más específicos de estas instituciones.

Las empresas nos encargan ediciones personalizadas para marketing editorial o para regalos institucionales. Y los interesados solicitan, a título personal, ediciones antiguas, o no disponibles en el mercado; y las acompañan con notas y comentarios críticos.

Las ediciones tienen como apoyo un libro de estilo con todo tipo de referencias sobre los criterios de tratamiento tipográfico aplicados a nuestros libros que puede ser consultado en Linkgua-ediciones.com.

Linkgua edita por encargo diferentes versiones de una misma obra con distintos tratamientos ortotipográficos (actualizaciones de carácter divulgativo de un clásico, o versiones estrictamente fieles a la edición original de referencia).

Este servicio de ediciones a la carta le permitirá, si usted se dedica a la enseñanza, tener una forma de hacer pública su interpretación de un texto y, sobre una versión digitalizada «base», usted podrá introducir interpretaciones del texto fuente. Es un tópico que los profesores denuncien en clase los desmanes de una edición, o vayan comentando errores de interpretación de un texto y esta es una solución útil a esa necesidad del mundo académico.

Asimismo publicamos de manera sistemática, en un mismo catálogo, tesis doctorales y actas de congresos académicos, que son distribuidas a través de nuestra Web.

El servicio de «libros a la carta» funciona de dos formas.

1. Tenemos un fondo de libros digitalizados que usted puede personalizar en tiradas de al menos cinco ejemplares. Estas personalizaciones pueden ser de todo tipo: añadir notas de clase para uso de un grupo de estudiantes, introducir logos corporativos para uso con fines de marketing empresarial, etc. etc.

2. Buscamos libros descatalogados de otras editoriales y los reeditamos en tiradas cortas a petición de un cliente.

www.ingramcontent.com/pod-product-compliance
Lightning Source LLC
LaVergne TN
LVHW101932220826
846093LV00009B/436

9788490071243